Claudia Souto e Paulo Augusto

Xangô

Lendas, arquétipo e teologia

XANGÔ |2| Lendas, arquétipo
e teologia

Copyright © 2020 Editora Rochaverá Ltda. para a presente edição

Todos os direitos reservados para a Editora Rochaverá Ltda. Nenhuma parte desta edição pode ser utilizada ou reproduzida por qualquer método ou processo sem a expressa autorização da editora.

XANGÔ |4| Lendas, arquétipo e teologia

Título
Xangô
Lendas, arquétipo e teologia

Autores
Claudia Souto / Paulo Augusto

Revisão
Hugo L. Soares / Ileizi Jakobovski

Capa
Fábio Galasso / Thiago Calamita

Edição e Diagramação
Fábio Galasso

Internacional Standard Book Number
ISBN: 978-65-00-15535-8 / 64 páginas

Sumário

Introdução - 8

Lendas, arquétipo e definições de Xangô - 10

Definições - 11

Os Orixás segundo as tradições religiosas - 11

Lendas e Histórias do Orixá Xangô - 13

Orixá Xangô e a justiça - 15

Arquétipo da Justiça - 16

Características dos filhos de Xangô - 18

Filhos de Xangô, arquétipo - 20

Xangô, Orixá da justiça - 25

Justiça divina e justiça dos homens - 28

Sincretismo João Batista - 34

Xangô, e o sincretismo - 37

Teologia Espírita Xangô - 40

Natureza santa e os Santos - 41

Porque representam as fosças da natureza - 44

Teologia espiritual e o sustentáculo da terra - 46

Justiça ou vingança - 50

Entendimento para o endireitamento - 52

Devocionário aos Santos e Servos de Deus - 57

Abrigo divino - 58

Santificados sejam todos os Santos - 61

INTRODUÇÃO

Este livro surgiu da real necessidade dos espíritas e filhos de Xangô terem algo segmentado em que pudessem pesquisar e aprender ainda mais sobre essa santidade, fonte de energia de luz espiritual divina de uma forma mais sacrossanta e não somente através das lendas e histórias de vossa unidade.

O conteúdo deste livro está dividido em duas partes, sendo a primeira parte a história sobre as lendas e o arquétipo segundo o entendimento popular e as tradições das religiões de matrizes espírita/africana e a segunda parte um conteúdo teológico espiritual segundo as orientações e ensinamentos de A Bíblia Espírita, A Bíblia Real, a primeira bíblia espírita do mundo.

E para facilitar este entendimento teológico inserimos uma introdução teológica sobre a mediunidade e as forças espirituais que regem e governam essas forças santificadas em terra para lhe ajudar na busca e no entendimento santo em relação ao trabalho dos santos em terra.

No final, colocamos alguns conceitos teológicos da doutrina espírita umbandista através da ótica dos espíritos, pois consideramos relevantes que cada ser tenha consciência do caminho que segue, enquanto espírita e devoto dos espíritos.

Para finalizar desejamos que todo este trabalho seja uma mais-valia para todos os que servirem dele, pois o conhecimento teológico é essencial na vida de todos aqueles que busquem crescer e evoluir através dos espíritos.

Os autores:

A Bíblia Real

Lendas, arquétipo e definições de Xangô

1. Definições

Cor: Marrom ou Vermelho

Elemento: Pedra, terra e fogo

Dia da semana: Quarta-feira

Comemoração: 24 de junho

2. Os Orixás segundo as tradições religiosas

Os orixás são ancestrais divinizados pelo culto do candomblé, religião trazida da África para o Brasil, durante o século XVI, pelo povo iorubá. Entre os vários Orixás que eram cultuados está o Senhor Xangô, Senhor do controle dos raios trovões e que também expele fogo pela boca.

De acordo com o Dicionário de Cultos Afro-Brasileiros de Olga Cacciatore, os orixás são divindades intermediárias entre Olorum (o Deus supremo) e os homens em terra. Na África eram cultuados cerca de 600 orixás, destes foram trazidos para o Brasil cerca de 50, que estão reduzidos por volta de 16 no Candomblé e cerca de 8 na Umbanda. Mas muitos destes são considerados como antigos reis, rainhas e heróis divinizados, os quais representam as vibrações das forças e elementos da Natureza como raios, trovões, tempestades, águas, caça, colheita, rios, cachoeiras, como também grandes ceifadores da vida humana, representando as doenças e pestes epidêmicas; e ainda cobradores das leis sociais e do direito, como leis morais bem como as leis divinas por força da justiça santa do Criador através dos Exús.

No Brasil, cada Orixá foi associado a um santo da igreja católica, numa prática que ficou conhecida como sincretismo religioso. Xangô é sincretizado com Jerônimo, na maioria dos estados brasileiros, sua data é comemorada em 30 de setembro.

3. Lendas e Histórias do Orixá Xangô

Segundo as lendas e o conhecimento popular e das religiões de vertente espírita/africana, Xangô era filho de Bayani e marido de Iansã, a deusa do vento, além de Obá e Oxum.

Em determinado momento seus opositores haviam recebido ordens de destruírem todo o seu exército e o próprio rei Xangô, isso porque seus líderes e soldados estavam perdendo a guerra e seus homens já estavam sendo executados, e o poder do inimigo cada vez crescendo sobre eles.

Conta a história que certo dia, do alto de uma pedreira Xangô meditava, refletia sobre a situação de guerra que acontecia e planejava um contra-ataque para derrubar o seu inimigo. Ao observar a tristeza em seus fiéis guerreiros Xangô foi preenchido pela irá e no ímpeto de fazer algo em favor de todos bateu seu martelo sobre a pedra que estava próxima.

O choque do martelo com a Pedra foi tão forte que causou faíscas que mais pareciam uma catástrofe, e quanto mais ele batia, mais força colocava e mais faíscas saiam para atingir seus inimigos de guerra.

Foram diversas vezes que ele bateu com o martelo na rocha e diversos inimigos foram vencidos fazendo com que ele pudesse triunfar sobre todos eles e saísse vitorioso da guerra.

Então foram as faíscas da pedreira pela força de seu machado que o tornou vencedor calando seus opositores.

Após capturar todos os que haviam sobrevivido à batalha, os líderes de Xangô clamaram por justiça e pediram a destruição completa dos opositores. Porém Xangô sábio guerreiro proferiu a frase: "Não! De forma alguma faria isso, pois o meu ódio, não pode ultrapassar os limites da justiça".

Em seguida o Orixá afirmou que os soldados apenas cumpriram ordens mas, que seus líderes mereciam sofrer com a sua fúria e irá.

Foi então que Xangô elevou seu machado aos céus e gerou uma sequência de diversos raios que destruíram os líderes dos inimigos, mas ao mesmo tempo, libertou os guerreiros que estavam a servi-lo com lealdade.

4. Orixá Xangô e a justiça

Conforme as lendas e o entendimento popular religioso Xangô é um Orixá bastante cultuado sendo considerado um Deus da justiça, dos raios, dos trovões e do fogo, além de ser conhecido com protetor dos intelectuais.

Este Orixá é também considerado o mestre da sabedoria, gerador de poder político e justiça moral.

Seus devotos recorrem a sua sabedoria e poder de justiça para resolver problemas relacionados com documentos, estudos, partilhas e trabalhos intelectuais ao qual se faça necessário justiça.

De acordo com as lendas, Xangô era rei do Òyó, região que hoje é a Nigéria, e possuía um caráter autoritário e violento, além de ser extremamente viril, atrativo, vaidoso e justiceiro.

Conhecido por praticar uma justiça dura, justa e cega, como uma rocha. Que aliás, é o elemento que o representa como forma de representar força e poder que carrega.

5. Arquétipo da Justiça

O entendimento popular religioso reconhece o Orixá Xangô como o Orixá justiça, da misericórdia e da lealdade. Ele é duro em suas decisões contra os inimigos ou contra aqueles que estejam sendo injustos, porém piedoso com aqueles que são leais e fiéis a ele. Um bravo guerreiro justo e sábio representando o arquétipo do lutador, conquistador de suas próprias batalhas.

Símbolo do fogo, dos raios dos céus e do ímpeto da coragem, garra, vigor e dinamismo.

Xangô certamente representa as características do elemento que rege, pois possui uma fortaleza interna, nascida de uma coragem certamente derivada de uma rocha.

Ele também é considerado grande protetor e líder. Porém como líder guerreiro avança a frente com seus filhos que buscam poder e segurança em suas empreitadas.

Conquistador, bonito, vaidoso e sensual, dizem às lendas que poucas mulheres foram capazes de resistir aos seus encantos e dons, tanto que foi disputado por três das mais poderosas Orixás.

Conforme o entendimento Xangô é o dominador das chamas e Deus dos raios, ele controla sem piedade as forças do universo, não há quem possa fugir de sua justiça, pois seus olhos enxergam a desigualdade e maldade onde quer que esteja. Tentar enganá-lo é tornar ainda maior a sua irá e desejo de justiça.

As pessoas cruéis que escapam da condenação humana, jamais conseguirão escapar da justiça de Xangô.

6. Característica dos filhos de Xangô

Segundo as lendas e entendimento religioso popular, os filhos de Xangô seriam pessoas muito fortes, de tronco largo e altura geralmente mais alta, com uma estrutura óssea que suporta o físico avantajado. Porém quando magros, seriam pessoas bastante elegantes.

São pessoas que costumam ter a auto-estima elevada e uma energia bastante positiva. Geralmente são respeitados e conscientes dessas características físicas e de temperamento que possuem.

Não gostam de andar sozinhos, geralmente estão em grupos ou acompanhados de outras pessoas.

São pessoas que levam bastante tempo para tomarem uma decisão. Porque gostam de estudar os fatos e todas as possibilidades antes de qualquer grande feito ou mudanças em suas vidas.

Conforme o entendimento popular ainda, os filhos deste Orixá, seriam pessoas incapazes de cometerem uma injustiça de forma voluntária. Seriam também pessoas egoístas em seus comportamentos, porém nada muito exagerado, talvez apenas excesso de zelo em algumas coisas particulares.

São consideradas pessoas rígidas com relação aos gastos financeiros. Amam o poder ou a ideia de terem poder, e em geral procuram se destacar para suprirem a exagerada vaidade que possuem; e naturalmente chamam a atenção dos demais em meio à comunidade em que vivem.

Dizem que um filho de Xangô é obstinado com o que deseja e atua estrategicamente para atingir todos os seus objetivos. Ele estuda com muita determinação e cautela para chegar àquilo que quer ainda que demore muito tempo. Quem decidir estar ao seu lado de um filho de Xangô terá que compreender suas ambições e obstinações, que as vezes se assemelham com certa ganância pessoal. Pois são pessoas que não desistem fácil das coisas que almejam.

Ainda conforme o entendimento popular, os filhos deste Orixá possuem uma outra característica marcante, seria o medo de ser esquecido ou não ser lembrado para algo que julgue importante, uma vez que luta e batalha por destaque. Seriam pessoas que gostam de ser lembradas e convidadas a participarem das atividades das comunidades que participam e deixarem suas marcas.

7. Filhos de Xangô, arquétipo

Em um contexto espiritual e religioso acredita-se que o temperamento do médium ou dos filhos do Orixá esteja diretamente ligado ao arquétipo do Orixá. Por isso os filhos de Xangô carregariam as características pessoais de Xangô como a garra, a determinação, o desejo de batalha, e de justiça de alguém que realmente trabalhe para a correção e a justiça.

Porém, devo dizer que cada ser humano é um espírito ou um ser individual, com suas próprias histórias, caminhos de vida, bem como missão pessoal.

É certo compreender que o médium regido por determinado Orixá, irá sim carregar consigo as emanações espirituais de luz e força de vida que vibram de seu Orixá. Segundo os ensinamentos de (A Bíblia Real – A Bíblia Espírita), isso porque antes de virmos para o campo terreno como encarnados, todos nós "em espírito" partimos de uma "casa celestial ou um Reino sagrado de um Orixá", e isso quer dizer que estamos ligados diretamente a esta energia "santificada por Deus" aos quais chamamos em terra de Orixás ou Santos, antes mesmo de nascermos em terra como encarnados.

Logo, os conceitos e as qualidades como o poder de justiça, batalha, virilidade ou garra para lutarem ao qual possuem seus "filhos", são na verdade conceitos, qualidades e temperamento pertencentes à própria essência do encarnado e não do Orixá que o rege.

Porém, o Orixá regente "pai de cabeça" é quem emana energias vibrando sobre seus filhos, aquilo que ele mesmo possui por ordem e determinação divina, dando a estes "filhos" maior poder em relação aquilo que ele mesmo possui. Mas se utilizar daquilo que seu Orixá possui e lhe entrega por amor, deve partir de uma vontade espontânea de cada filho seu, e não de uma obrigação espiritual.

Isso quer dizer que além de não ser obrigado a ser uma pessoa justa, batalhadora e guerreira, seus filhos também não são obrigados a terem o mesmo temperamento ou seguirem seus passos em suas próprias vidas.

No caso aos filhos de Xangô, ele é quem jorra sobre seus filhos energias de luz e forças no sentido de justiça, garra, determinação, batalha e isso não obriga seus filhos serem como ele, até porque um ser encarnado é uma pessoa independente de seu Orixá de cabeça.

Devemos compreender que o campo material é um campo de inúmeros desafios para um encarnado e não é apenas o temperamento bom ou ruim que fará de um encarnado um ser bom ou mal, sábio ou ignorante, vencedor ou perdedor em suas labutas. O encarnado possui suas próprias escolhas e opções para a busca de evolução de si mesmo, o Orixá jamais irá interferir em seus caminhos.

Então um Orixá, não está no caminho de um "filho" para lhe emanar de coisas boas ou ruins, temperamentos agressivos ou brandos, porque neste caso não estaria o Orixá lhe auxiliando em nada. Mas é certo que um Orixá jamais lhe causará angústias, guerras, dores e escolhas ruins, mas sim, ensinamentos; o que inclui direção de bons caminhos, boas escolhas.

E tudo isso utilizando as fontes divinas que vibram espiritualmente deste Orixá, no caso do Senhor Xangô, maior determinação e poder de justiça para as próprias tomadas de decisões.

Então Xangô não é quem traz a determinação, garra e justiça, até porque a justiça dos homens muitas vezes é interpretada de maneira contrária aquilo ao qual o Orixá atua espiritualmente. Mas Xangô é quem ajuda seus filhos olharem com mais virtudes frente aos fatos, os ajuda a seguirem suas missões de maneira mais íntegra, imparcial e honrosa para que cometam menos injustiças em terra uns com os outros.

Não que seus filhos sejam pessoas injustas e necessitam de seu auxílio, mas porque se faz necessários homens emanados com o poder espiritual de sensatez, moderação e prudência entre os demais homens em terra.

Xangô é equilíbrio, é certo que Xangô teve suas buscas, sofrimentos pessoais e questionamentos, e seus filhos terão os seus próprios sofrimentos e questionamentos. Mas nas questões ligadas às decisões e entendimento da vida de uma maneira mais íntegra e honrosa o Senhor da Justiça, como é conhecido, irá emanar sobre seus filhos, e filhas e todos aqueles que desejarem a sua própria virtude, para que ultrapassem as questões de terra e consigam compreensão sobre os fatos que necessitem sensatez e imparcialidade justa.

Para que assim possam todos alcançar entendimento divino de forma que sigam em paz, sábios e justos em suas vidas.

8. Xangô, Orixá da justiça

"A justiça é algo que todos desejam mais poucos atuam com a força que ela tem."

Podemos observar certas semelhanças entre os Orixás Ogum e Xangô, porque ambos são conhecedores das lutas e das batalhas da vida, e ambos também são emanados por Deus com energias que vibram força, garra e virtudes que lhes fazem guerreiros e vencedores.

Quando nos deparamos com as lendas de Xangô, logo nos deparamos com guerras e lutas contra outros exércitos das quais ele saiu vitorioso. Mas quando falamos em guerras, logo pensamos em sangue, feridas, mortes e muito sofrimento. Porque guerras são formadas por pessoas lutando contra outras pessoas, e ambos lados em total angústia e sofrimento pela própria vida não especificamente pelo ideal ao qual se arma uma guerra. Sofrimentos por deixarem famílias, mulheres e filhos para trás sem a certeza de que voltarão para casa com vida.

Mas se pensarmos que estamos falando de um Orixá, logo nos vem diversos questionamentos, um deles é que um Orixá é um representante de Deus em terra, um representante de uma energia divina de uma fonte de luz recoberta de amor e de bondade que é Deus.

Um Orixá ou um Santo são "entidades divinas" recobertas de virtudes que manifestam Deus em sua totalidade. E como poderia um "Ser de Luz" um Orixá ou um Santo estar diretamente ligado as coisas que causam dores e sofrimentos em terra? Até porque não existe nada mais doloroso do que o poder que uma guerra é capaz de causar no mundo. A devassidão que uma guerra causa não é somente no sentido de terra, ela tem o poder de alterar e danificar seres e essências espirituais por longos "anos espirituais".

As pessoas de Xangô vêm para nos ensinar sobre justiça divina e não sobre seu poder de ganhar uma guerra. Vem para nos ensinar sobre misericórdia espiritual e não sobre sangue e destruição dos inimigos.

Não precisa ser um Orixá ou um ser de luz emanado de Deus para vencer uma guerra, mas precisa ser sábio, justo, correto e honroso divinamente até em favor daqueles que lhe fizeram algum mal para servir a Deus até diante de uma guerra. Isso é Xangô.

Xangô representa misericórdia até mesmo diante de uma guerra, pois o mal jamais deve ser devolvido com outro mal, porque nisso não se encontra justiça, mas sim a vingança. E nisso não existe Orixá, não existe Santo, e tampouco Deus!

E assim foi Xangô nos mostrando que o poder de Deus é muito maior que nossas vontades de fazer vingança, que é muito maior que nossa ira ou revolta. E que devolver na mesma moeda não causa justiça, apenas lhe torna tão errante quanto aquele que errou contra nós.

Justiça é deixar Deus ser nosso advogado, é deixar o Orixá advogar em nossa causa e seguirmos nossos caminhos em paz.

É certo compreendermos que Xangô apenas saiu vitorioso, porque não tinha em seu coração o desejo de vingar-se de seus inimigos, apenas de fazer valer as leis de Deus em relação ao que é justo.

9. Justiça divina e justiça dos homens

É preciso compreender que Deus não se faz de justiça de homens, e Xangô não caminhava por sobre a justiça de homens, por isso, não desejava ver mais sangue, na terra onde já havia escorrido muita dor. Então preferiu cegar seus olhos aos seus desejos e ira e deixar que a nobreza espiritual o tomasse de verdade e atuasse sobre o que é certo.

Ele compreendia que a "justiça própria" é o que mais gera conflitos e dores entre os homens, porque a justiça própria vem velada de "bondade", "razão" e "escolhas certas", porém ela caminha sobre a carne que sangra e jamais sobre o espírito. E a carne, muitas vezes é nascida dos desejos de vingança e não sobre a honra e as virtudes de Deus. Que lhe faz reconhecer que tudo aquilo que possa ferir, machucar e causar danos contra os outros seres, jamais pode lhe trazer vitórias espirituais, ainda que lhe faça um vencedor de homens.

E em verdade o que mais nos deparamos na vida é o desejo de vingança e revanche entre os homens, nunca o desejo de "justiça pela justiça". Mais o que é a "justiça divina" e "justiça dos homens"? Bem, o que pertence ao homem por conquistas e escolhas de terra, dele será. O que pertence a outrem por conquistas e escolhas de terra, a ele também pertencerá. E é justo que assim seja.

Compreendemos que desejar e tirar algo de outra pessoa que não lhe pertença não é justo, não é honroso e não é correto do ponto de vista de qualquer que seja a justiça, seja de homens seja espiritual.

Mas claro que é uma compreensão simples e fácil, porém quando entramos no âmbito espiritual se torna mais difícil a compreensão de justiça.

Isso porque às leis dos homens aplica-se somente entre os homens (não adentra em campos espirituais por ser lastreada por acordos carnais, acordos morais de terra) e as leis de Deus aplica-se ao espírito e não através de acordos de homens. (Quando se atinge o espírito, apenas em espírito será possível aplicar a correta lei de Deus).

Por exemplo: Não parece ser justo para alguém que comprou algo receber por aquilo que pagou? Injusto seria se não recebesse por algo que pagou! Ou alguém que roubou algo, devolva o que não lhe pertence?

Não parece justo aquele que trabalhou em troca de um salário ou algo que lhe recompense, receber por seu suor e trabalho? Não receber por seu trabalho não seria injusto?

Não parece justo uma boa mãe cuidar e educar o seu próprio filho? Pois doar sua criança a outra mãe seria injusto com aquela que cuida com todo amor e carinho! Isso é justiça.

Agora me responda como julgar e decidir sobre aquele que tirou a vida de outra pessoa em terra? (um assassino). Como julgar aquele que tirou o direito de outro ser de cumprir sua missão espiritual de terra?

Porque mesmo que as leis de terra se façam valer, e a pessoa que foi considerada um assassino seja presa e cumpra penalidades previstas nas leis de terra, este jamais devolverá aquilo que não lhe pertencia, que era a vida do outro (a vida pertence a Deus).

Mas suponhamos que os homens decidam que através das leis de terra, o assassino seja igualmente podado de seus direitos de viver e por isso seja condenado a pena de morte.

Neste caso, apenas outro assassinato seria cometido para penalidade de um primeiro assassinato. Porém, aquele que assinou a sentença da morte, jamais poderá devolver ao assassino, agora morto, o direito de finalizar sua missão espiritual em terra, desta forma, seriam dois assassinatos e nenhuma justiça de terra.

Porém, as leis sociais (acordos de leis dos homens) têm o direito e o dever de zelar e cuidar para que pessoas doentias, psicóticas, psicopatas ou em surto, seja este surto de qualquer natureza, não retire do outro o direito a vida (vida social ou de terra) e o cumprimento de sua missão (vida espiritual).

Agora que entendemos que a justiça de terra é diferente da justiça espiritual, porque uma lida com coisas e situações de terra e a outra está no âmbito da vida ou daquilo que não pertence aos homens, além das formações sociais e leis e normas morais, eu lhes pergunto.

Com quais direitos de terra poderíamos julgar e condenar um assassino que retirou a vida de alguém? Em quais tribunais, com quais tributos, ordens ou poderes divinos poderíamos julgar um espírito? Não lhe parece injusto?

Por isso digo que aplicar a justiça ao que parece ser injusto aos homens é o que se espera da lei, e isso já fazemos. Mas aplicar a justiça ao significado da "Vida" é algo quase impossível para o ser encarnado. Porque a "Vida" não tem um preço, não tem um valor ou não é uma "coisa" que se possa usar e depois trocar. E por não ser algo que se possa comprar ou vender, pois não é uma propriedade material ou imaterial de alguém, também não é possível se fazer justiça no sentido de reparar quando se perdeu.

Mas a justiça dos homens é feita para reparar o que se perdeu, consertar o que se perdeu ou não deu certo, enquanto a justiça de Deus ao qual Xangô atua é corrigir e endireitar os caminhos tortos, no âmbito espiritual, por isso se chama "Justiça de endireitamento" conforme nos explica (A Bíblia Espírita).

Embora Xangô e sua falange atuem no âmbito de terra, auxiliando os encarnados em suas falhas e reparos a justiça que o rege é a justiça espiritual, muitas vezes difícil de ser compreendida por nós.

Então quando eu falo que a justiça de terra não é o mesmo que a justiça espiritual, pois a justiça espiritual é quando ultrapassa as leis e as normas de terra e adentra ao âmbito espiritual, onde os homens não possuem autoridade para julgar, me refiro ao trabalho ao qual Xangô por ordem e determinação de Deus atua em favor da vida.

E contra ou a favor da vida somente Deus poderia aplicar a justiça, nenhum juiz ou homem poderia exercer essa justiça, pois o algo que se tirou não pertence aos acordos de terra. Sendo assim, nenhuma justiça por mais rígida que seja em terra, jamais alcançará o âmbito da vida mesmo quando esta passar do âmbito das coisas e dos negócios.

10. Sincretismo João Batista

No catolicismo Xangô é representado por São João Batista, que foi santificado pela igreja católica. João Batista era considerado um pregador a cerca do reino de Deus cujo aparecimento se deu na Judéia, provável lugar de nascimento e na Galiléia (c.28d.C.).

Na época de Herodes; João teve muitos seguidores e pregava aos judeus, dizendo que deveriam exercer a virtude e a retidão e usava o batismo como símbolo de purificação da alma em seu movimento messiânico.

Embora não tivesse tido nenhum contato anterior com Jesus, João Batista pregava pelas ruas dizendo ao povo que se arrependesse, pois o reino de Deus estava chegando. Ainda que ele mesmo não soubesse bem o que era esse reino de Deus, ele sabia que estava chegando.

Talvez por influência de seus pais Zacarias e Izabel, João trazia uma mensagem ética imediata, em relação a fazer o bem, construir o que era bom e praticar a bondade uns com os outros, principalmente na época em que a maldade imperava entre os homens.

João Batista nunca fez nenhum milagre, não existe em sua biografia nenhuma menção em relação à cura de cegos, aleijados, surdos ou que tenha ressuscitado mortos, e tudo o que ele dizia era sobre Jesus. E sua grandeza era exatamente essa, a certeza espiritual que carregava dentro de si.

Ele atendia e respondia todos que lhe procuravam, desde publicanos, soldados dos exércitos e fariseus com suas questões em relação à justiça divina e ao que era justo, e suas respostas eram sempre para que se tornassem homens justos e nobres.

"Dêm frutos bons e dignos de arrependimento", Não explorem o povo, contenham-se com os salários de vocês, não peguem suborno nem se tornem perversos por dinheiro, dizia ele aos soldados.

"Parem de cobrar acima do que lhes devem, parem de oprimir o povo", dizia aos publicanos.

"Raça de víboras, produzam frutos dignos de arrependimento, e parem de dizer que são filhos de Abraão, porque em verdade, eu lhes digo que dessas pedras do deserto Deus pode suscitar filhos à Abraão, parem com isso" dizia João Batista aos fariseus que acreditam seguir as leis de Abraão, porém, suas leis estavam bem distantes das leis de Deus ao qual Abraão trouxe para a terra.

João Batista ficou conhecido por pregar a justiça para aqueles que cometiam injustiças contra os seus, buscando torná-los homens bons, homens mais nobres e justos.

11. Xangô, e o sincretismo

O sincretismo nos mostra que o santo é vestido de alma caridosa, bendita e justa e independente da doutrina em que esteja inserido, se católica ou espírita ou independente do nome que carrega, se Xangô ou São João Batista a intenção é a mesma de pregar a justiça e o amor aos homens.

Na cultura mitológica Xangô é sobretudo uma divindade sincrética, com semelhantes atributos de outros Orixás, sua figura de praticante da justiça de Deus em favor dos homens, por força da "justiça" dos homens lhe confere ser sincretizado com João Batista devido a essência espiritual em que ambos atuam, uma vez que a busca e a missão de ambos é nos mostrar como a justiça pode ser praticada em todos os âmbitos quando atuamos com amor e com verdade em nome do mesmo Deus.

Diante deste sincretismo onde o bem deve ser feito por força de nossas crenças mais verdadeiras e não por força de nossas culturas, muitas vezes abastecidas de ódio e desejo de vingança, devemos compreender que a ancestralidade se faz presente desde o início dos tempos independente da doutrina religiosa para nos abastecer de ideias e conceitos divino, e para nos mostrar que a busca pela paz se faz presente desde o início de toda e qualquer civilização humana.

Porque a busca pela paz que muitas vezes se inicia através das guerras, das dores e do sangue é na verdade apenas uma imposição do homem contra ele mesmo querendo mostrar seu poder sobre os demais seres, como se isso lhe tornasse mais sábio, mais poderoso e mais divino e espiritual do ponto de vista da carne.

Mais o sincretismo nos prova que tanto a imagem de João Batista quanto a imagem de Xangô, cada um em sua época e de seu modo, atuou em favor da mesma verdade, que é a busca pela justiça ou pela justiça divina, que não tem intenção de ferir ou machucar mesmo aqueles que por infelicidade causaram o mal a outrem.

Então enquanto um possui uma grande importância dentro de um panteão iorubá, o outro possui a mesma importância sendo pregador da justiça e do Filho de Deus através da justiça divina, uma das vertentes éticas em que Jesus atuava. Ambos desbravadores, justos e corretos em suas ações de evangelizar e trazer a compreensão aos cultos religiosos até os dias de hoje através da ancestralidade que nos une com o passado espiritual.

Teologia Espírita Xangô

1. Natureza santa e os Santos

Deus é a natureza, e a natureza é Deus!

Antes de falarmos sobre a relação do Orixá Xangô com as pedras, preciso mostrar como Deus atua com o Orixá de maneira celestial em campo terreno através das energias e forças da natureza. Assim como as outras divindades esse Orixá, também está diretamente ligado às forças da natureza, e não é somente devido às pedreiras, mas por tudo que tem vida espiritual que se faz "vivo" através da natureza.

A natureza é a força santificada por Deus para abastecer a vida carnal, porque é sobre a natureza que Deus jorra todas as energias espirituais que o campo terreno precisa e também manipula as energias em terra existentes.

Enquanto os Santos são as fontes de energia de Deus que emanam as energias espirituais santificadas para alimentar os encarnados de luz divina. A natureza é a fonte recebedora destas energias santificadas, atuando como um campo de recebimento das fontes de energia direta de Deus. E é certo que o ser encarnado recebe todas as energias de todas essas "fontes de energia" fracionadas vindas do poder da natureza para que possa sobreviver em terra.

Veja só, seria impossível sobrevivermos sem as matas, as águas oceânicas, as florestas, as águas doces, os alimentos que vem da terra, o próprio chão da terra, os ventos, o fogo que é também um condutor de energia vinda da natureza e tudo mais que possa servir de conduzir e manifestar a luz divina em terra.

Como funciona? A natureza é formada de vários elementos orgânicos e "essenciais" criados por Deus para que a vida na terra possa existir, e é através da natureza que Deus manipula a vida que nasce, cresce, se alimenta e se finda em campo terreno. E tudo isso, só é possível por força da própria natureza que recebe as energias essenciais de Deus para essa missão de alimentarem os homens e mantê-los vivos, até o fim de suas missões. Mas tudo isso só é possível com a ajuda dos Santos.

E como isso acontece? Deus precisa jorrar sobre o campo terreno suas próprias forças espirituais, porém, as energias do Senhor Deus de tão grandes que são poderiam destruir o campo terreno. Imagine você colocar o planeta júpiter dentro de uma caixinha de sapato? Impossível não é? Isso é Deus, criador de todos nós, uma força descomunal e muitíssimo grande para colocar dentro do campo terreno.

Então o Criador, criou e ordenou os Santos para que façam esse trabalho em seu nome. Isso quer dizer, que Ele criou e ordenou 07 (sete) distintas "Energias de poderes essenciais", aos quais chamamos de Orixás ou "Espíritos de Grandeza", conforme à (A Bíblia Espírita/A Bíblia Real), e as santificou, para que possam servirem de "fontes de energia direta" entre Deus e os encarnados.

Isso quer dizer que estas "fontes" recebedoras da luz divina recebem e através da natureza dão vida, sustentam e alimentar os seres encarnados através dos elementos orgânicos encontrados nas matas, águas, elemento árido, águas oceânicas, ventos e tudo que possa ser condutor de energia divina.

E assim, conseguir manter todos os seres que possam existir igualmente vivos por ordem divina.

Por isso os Santos são a força divina que além de conduzirem os espíritos à vida carnal para cumprimento de missão, são também as fontes que alimentam o campo natural. Não são a própria natureza, pois está também não possui vida por si própria, a não ser através do poder e da ordem de Deus de cumprir a missão de alimentar a vida da terra.

2. Porque representam as forças da natureza

Os Santos descarregam suas forças espirituais, compostas por luz divina e cheias de energia santificada sobre os elementos da natureza, eles não são a própria natureza, mas sim receptores das forças divinas e "derramadores" destas forças sobre a terra.

O poder de manifestação divina e manipulação dos elementos naturais vêm exatamente deste fato, pois ao mesmo tempo em que as recebem precisam também derramar, caso contrário seriam destruídos devido o tamanho da força que recebem e manipula. Então, derramar sobre algum elemento que pertence à em terra é a forma de trazer em terra as forças de Deus. E a natureza grandiosa e poderosa que é, recebe todas essas energias e as torna vivas tornando vivo tudo o que tem vida orgânica.

Por isso, as forças espirituais santificadas representam o poder da natureza, pois estão diretamente ligados ao poder natural dos elementos da terra, consagrados por Deus. E todas estas energias e formas de emanação nos direcionam ao Criador. Pois todas as criações estão ligadas a Ele por meio da verdade que se expressa na natureza e sem esta verdade não há vida na terra. Então, sem os elementos naturais não seria possível existir vida. Logo, os

Santos são aqueles que representam o próprio pó da vida, da qual sem ar, água, terra, fogo e ar, não se pode existir vida.

3. Teologia espiritual e o sustentáculo da terra

Voltando a questão teológica para formar o raciocínio e entendimento, já sabemos que os Santos recebem e derramam sobre a terra as energias santificadas por Deus, uma vez que essas energias são divididas em sete raios distintos de forças e emanações divinas.

A entidade espiritual santificada que recebe a ordem de Deus para se manifestar ou manifestar as forças de Deus sobre o elemento rochedo, conforme às lendas e as culturas religiosas recebe o nome de Xangô. Xangô é considerado o Orixá que está ligado às rochas e as pedreiras, não porque ele bateu o machado sobre as rochas e através de sua fé recebeu uma benção divina para sair vitorioso da guerra em que estava. Mas porque atua diretamente com esta que é uma das maiores fontes de energia terrena.

As pedras além de exercerem a função de equilíbrio do solo e sustentáculo de tudo o que existe acima dela cumpre também a função espiritual de ser o sustentáculo espiritual de todas as outras fontes de energia que existem em terra.

As pedras, as pedreiras são o que dão o equilíbrio para a terra, me refiro ao campo terreno mesmo, pois embaixo do elemento árido, do solo da terra existe uma constituição material rochosa junto aos diversos elementos químicos de composição inorgânica. E essas pedras e rochas são o equilíbrio vivo do que sustenta o elemento em que pisamos e formamos nossas sociedades.

Quando falo que são a sustentação, me refiro ao que está embaixo do campo que brota e dá frutos. Porque o campo terreno existe da constituição da massa que forma sua superfície, feita por três camadas, porção sólida, a porção gasosa e a porção líquida. Juntas, essas camadas permitem a existência de uma quarta expressão sobre a camada superficial da terra: a biosfera, onde se manifesta a vida por força das "fontes de vida" ou "fontes de ligação direta" (A Bíblia Espírita/A Bíblia Real) que jorram energia celestial de Deus.

As pedras são que sustentam tudo contra a força da gravidade, e é também o que nivela e se estabelece ou firma a ordem material em campo material. É também uma das mais poderosas fontes de energia junto com as energias de frutificação ao qual chamamos de elemento árido, regido por Nanã Buroquê.

Xangô e Nanã Buroquê possuem uma ligação muito direta, pois a manifestação de Xangô é o que faz a sustentação do solo em que Nanã rege e frutifica a vida material. E ambos são os primeiros sustentáculos da vida humana, um embaixo do solo (Xangô) o outro acima do solo (Nanã), porque é nestes elementos da terra que Deus descarrega suas fontes de energia, e eles recebem e manipulam estas energias em terra.

Então a importância desta que é uma das fontes sagradas mais importantes é sustentar os elementos em um único lugar onde Deus possa vir para nos abençoar.

Por isso teologicamente as pedras são a sustentação do cume da terra que dão equilíbrio a todo o espaço da massa material, e as rochas o equilíbrio da superfície que recebem o mesmo poder de emanação de Deus.

Então, assim como as pedras são equilíbrio do campo terreno, Xangô é o equilíbrio das fontes (fonte de energia direta regida por Xangô e sua falange) que emanam energia de sustentação humana que é o poder da justiça.

Por justiça quer dizer equilíbrio, equilíbrio de toda e qualquer sociedade ou cultura social e religiosa através das energias que alimentam, regulam e alicerçam a vida humana, por força de seus conceitos, entendimentos, buscas, ideias, desejos, atos e ações, lhes dando direção ou endireitamento aquilo que por ventura sido mudado ou alterado e possa trazer danos e prejuízos aos homens.

Quando a mitologia se refere a Xangô como aquele que após bater com força nas pedreiras recebeu a benção divina para vencer as batalhas, é o mesmo que compreender que as pedreiras representam o equilíbrio, a razão, a estabilidade, a solidez, a segurança, a estabilização, porque era isso que ele precisava.

E é isso que representa Xangô, não a luta pela força, mas o equilíbrio para as decisões ainda que se refira a uma dura batalha. Xangô representa a justiça e justiça é acima de tudo equilíbrio, compreensão e sabedoria para toda e qualquer decisão.

4. Justiça ou vingança

Os seres humanos são seres que manifestam tanto a bondade quanto a maldade, isso desde o início dos tempos, e é algo que jamais mudará. Porém somos seres movidos a justiça própria que muitas vezes está bem longe da justiça divina.

A batalha pessoal de Xangô narrada mitologicamente da guerra em que venceu, nos mostra que no mesmo ambiente de guerra em que se manifestava a maldade, a ira, o desamor e a morte, se manifestavam também a virtude e a sensatez vindas da justiça divina ao qual Xangô atuava.

Isso porque no mesmo lugar em que a dor sucumbi à vida, o amor também é capaz de adentrar e destruir todo o ódio e a insensatez tornando os caminhos de dor e de desgraça em caminhos pacíficos e de paz divina. E o nome disso é "justiça de endireitamento", conforme nos ensina (A Bíblia Real – A Bíblia Espírita).

Quando falamos em justiça ou desejo de justiça, raramente estamos falando em "justiça divina" ou "justiça santa" de endireitamento, mas sobre vingança, retaliação, revanche. O ser encarnado ainda confunde justiça com "pagar na mesma moeda", devolver o mal com o mesmo mal. Então geralmente quando vamos em busca da justiça, raramente a busca é pela justificação do que é correto e sim pela busca da exposição e devolução da mesma dor e infelicidade recebida.

O entendimento de justiça divina para o encarnado está bem distante daquilo que de fato vem a ser a justiça divina, isso porque o ser encarnado caminha bem distante das vontades e das leis de Deus.

5. Entendimento para o endireitamento

"E a justiça é como uma rocha. Ela é dura e firme e sustenta a vida"

Conforme o entendimento religioso popular Xangô, é conhecido como um Orixá violento, justiceiro que castigava os mentirosos, os ladrões e os malfeitores.

Ele representa a justiça dos homens pelas leis de terra fazendo valer o mais forte contra o mais fraco, pois segundo as suas lendas ele viveu e vivenciou em uma época muito difícil onde a lei era o "olho por olho e dente por dente", onde os homens eram ainda mais violentos e brutos do que poderíamos imaginar no século em que vivemos. Época em que a luta pela sobrevivência não se fazia através da tecnologia, mas pela força física e luta braçal como forma de garantir o sustento, a sobrevida e a continuidade da própria espécie humana.

Por isso, não devemos confundir o arquétipo de lutas e batalhas, onde a violência é primordial com o arquétipo da violência e brutalidade em um ambiente contemporâneo, onde as guerras são através da ciência, utilizando-se do conhecimento e da sabedoria como arma de ataque e defesa.

Então não podemos confundir as batalhas de Xangô com o arquétipo da brutalidade pela simples vontade de ganhar territórios e adeptos destruindo tudo o que via pela frente, causando mortes e dores por pura vaidade. Mas vamos pensar sobre a época da qual estamos falando e os motivos que os faziam os homens parecerem tão violentos em relação aos dias atuais.

Conhecido como aquele que manipula os raios e os trovões, pertence a um arquétipo de dureza e impiedade contra os injustos, buscando aplicar a justiça, de maneira mais justa, causando assim, menos desgraça que os outros homens, para justificarem suas sentenças. Xangô atuava sobre o que acreditava.

Mas até os dias de hoje Xangô atua como o defensor das injustiças e causas dos homens, mesmo que estes sejam os causadores da injustiça da qual ele mesmo busca justiça divina.

Ele é responsável pela ordem espiritual de endireitar das falhas e os erros dos homens para que estes não tenham que serem cobrados por suas desgraças pessoais sem campo espiritual.

Isso porque o "mundo espiritual" não tem a intenção de condenar e julgar aqueles que vieram em terra para aprender com seus próprios erros e praticar aquilo que é correto. Nos seres encarnados.

Até porque somos todos seres em busca de evolução espiritual em terra onde o bem e o mal é de escolha pessoal, e nenhuma imposição divina pesa sobre nossas cabeças sobre aquilo que devemos escolher.

E mesmo que toda escolha gera uma consequência, antes mesmo destas "consequências maiores" onde apenas o campo espiritual poderá sentenciar nossas culpas (Espíritos de esquerda ou

Exús atuam sobre estas ordens), temos a chance de nos corrigirmos e "endireitarmos" nossos caminhos se acaso nossas escolhas não tenham sido boas, ou sejam escolhas que causem dor e sofrimento a outros seres.

Mas como Deus nos dá todo o direito de escolhermos entre o que é bom ou não, também nos dá o dever de sermos corrigidos (ainda em terra) em nossas falhas para que possamos alterar nossos caminhos espirituais e jornadas e aprendizado para que não sejamos julgados por nossas escolhas errantes. Porque nisso encontra a justiça de Deus, dar a todos os seus filhos o direito de corrigirem-se daquilo que fizeram de mal movidos pelas próprias escolhas.

E por não existirem homens que não falhem e nunca tenham cometido nenhuma falha contra outrem, é que temos a certeza de que somos todos espíritos aprendizes em missão espiritual. Então todas as nossas falhas e erros devem ser corrigidas para que possamos aprender com nossos próprios erros, porque nisso também encontra-se a justiça divina.

Lembrando que justiça não é punição ou vingança, os Espíritos que atuam na falange de Xangô não têm a intenção de nos fazer sofrer à partir de nossas falhas, mas nos auxiliar para que possamos compreender nossas falhas e corrigirmos com nossos irmãos, igualmente espíritos em busca de evolução.

Por isso, a ordem divina não é castigar, mas mostrar-nos onde é que estamos falhando para que possamos nos corrigir e consertar nossas falhas, pois somente assim aprenderemos com nossos próprios erros.

É certo que uma dor e um sofrimento tem o poder de fazer chorar e angustiar qualquer ser, porém é certo também que se não vivêssemos certas dores e sofrimentos, jamais aprenderíamos o que é a dor e o sofrimento.

E justamente por vivermos experiências dolorosas é que não devemos ser causadores das dores de nossos irmãos em terra.

Porque nisso, encontra-se a justiça divina.

Deus é justo e Xangô atua sobre a vossa justiça.

Devocionário aos Santos e Servos de Deus

1. Abrigo divino

O campo terreno é um campo de lapidação de almas através das missões que cada espírito encarnado possui. Espiritualmente aqui, é um abrigo sagrado que recebe todas as forças, poderes e emanações de Deus, tornando-se uma casa sagrada para lapidação de almas. E somente se tornando uma casa sagrada poderia mostrar ao ser humano o poder de amor que o Criador possui, quando cria espiritualmente fontes de emanação de energia direta espíritos que recebem para encaminhar para essa terra, tudo aquilo que somente Ele poderia, que são as energias santificadas em forma de amor, caridade, bondade, frutificação, luz, sabedoria, conhecimento, ciência e poder de justiça que somente ele em verdade possui. Porque ainda que os seres de terra tenham tudo isso, esse tudo, foi recebido de algum lugar ou de alguém; e esse lugar é o campo celestial e esse alguém é o próprio Deus, através dos espíritos santificados.

Mas somente com todo esse preparo que a terra recebe e com todas essas emanações cheias de luz divina com o auxílio dos santos, é possível nascer, crescer e cumprir missão aqui deste lado. Ainda que o campo terreno seja um campo de aprendizado, uma vez que todos os espíritos que aqui se encontram estão de alguma forma buscando sua evolução através de lições espirituais por força de alguma lição que esteja passando, lições estas que muitas vezes chamamos de dificuldades, aqui é o maior campo espiritual e sagrado de amor, caridade e bondade; porque Deus em sua eterna bondade além de nos criarmos espiritualmente, nos concede vivermos neste campo espiritual lindo e capaz de nos atender em todas as nossas necessidades.

Este é o único campo espiritual que possui águas límpidas para nos alimentar e refrigerar, solo sagrado para pisarmos e caminharmos, alimentos que brotam do chão para nos alimentarmos, as aves voam tranquilas e serenas, nos mostrando como a vida pode ser leve, tranquila e divina; aqui temos lindas paisagens e vegetações, oxigênio puro para nos abastecer, as vidas nascem e se renovam todos os dias. E tudo isso somente é possível com a santa e sagrada contribuição dos santos, que são espíritos altamente preparados e sagrados em nome de Deus que os permitem serem o elo entre Ele e nós seres humanos, filhos aprendizes do que significa o amor verdadeiro.

E os santos que são estes elos que nos ligam à Deus são a representação do que é o amor divino em sua plenitude, pois tudo fazem por nós, e em nossos nomes. Sem nos perguntar absolutamente nada, sem se importarem se somos bons ou não uns com os outros, sem se importarem se somos verdadeiros em nossas caminhadas ou se estamos aprendendo as lições espirituais ou pregando e fazendo tudo ao contrário do que é a ordem divina. Então os santos, são a mais pura representação da face de Deus, nos abençoando e nos trazendo luz divina, amor, caridade, piedade, compreensão e justiça divina em forma de alimento espiritual, para o corpo e para alma.

2. Santificados sejam todos os Santos

Devoção aos Santos Espíritos

Santificados sejam todos aqueles que estejam dispostos a trabalharem em nome de Deus para servir ao Criador em favor dos homens da terra, sendo as fontes de energias diretas de Deus para que os homens sejam nutridos e alimentados em todas as suas necessidades de homens. Evocados em nome da santidade que é Deus, sejam todos os espíritos que distribuem luz, amor e caridade, sem pedir nada em troca, apenas pelo compromisso e a missão espiritual para que sejamos aliviados de nossas dores e opressões de homens.

Iluminados sejam todos aqueles que escutam e temem a Deus em todos os vossos dias, pois estes sabem quem é o verdadeiro Deus e a vossa verdadeira força de vida e de morte, ainda que estas estejam distribuídas através dos santos em prol dos que caminham sobre o verdadeiro espírito de luz e de bondade, único capaz de dar e de tirar a vida dos filhos da terra.

Louvados sejam todos aqueles que abrindo mão de suas próprias unidades, atuam única e exclusivamente a atender as vontades do senhor Deus para que todas as vossas determinações sejam cumpridas.

Abençoados todos os que se sacrificam e se imolam em nome da força maior e do poder supremo, não por medo do fim e da morte, mas por devoção de amor e de verdade ao Deus maior, criador de todas as coisas.

Amém.

A BÍBLIA REAL
ESPÍRITA

CONHEÇA A BÍBLIA REAL, A PRIMEIRA BÍBLIA ESPÍRITA DO MUNDO

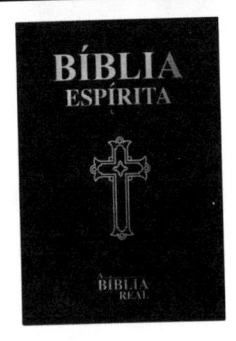

Comunidade Espírita de Umbanda
Coboclo Ubirajara

Rua Doutor Almeida Nobre, 96
Vila Celeste - São Paulo - SP
CEP: 02543-150

- www www.abibliaespirita.com.br
- @abiblia.espirita
- A Bíblia Espírita
- A Bíblia Real / Bíblia Espírita
- faceboook.com/cabocloubirajaraoficial/
- faceboook.com/exuecaminho
- faceboook.com/babalaopaipaulo
- faceboook.com/claudiasoutoescritora
- contato@editorarochavera.com.br

Editora Rochaverá

Rua Manoel Dias do Campo, 224 – Vila Santa Maria – São Paulo – SP - CEP: 02564-010
Tel.: (11) 3951-0458
WhatsApp: (11) 98065-2263

EDITORA ROCHAVERÁ

XANGÔ |64| Lendas, arquétipo e teologia